Pequeñas Estrellas

El rodeo de las pequeñas estrellas

Un libro de El Semillero de Crabtree

Taylor Farley y Pablo de la Vega

¡Me encanta ir al **rodeo**!

Me pongo mi sombrero
y mis botas de vaquero.

LET'ER' BUCK

Veo la **prueba del caballo con montura**.

Veo las **carreras de barriles**.

Pero mi **prueba** favorita es la monta de toro.

Los payasos de rodeo ayudan a los jinetes caídos.

790 CFC
payasos de rodeo

A los payasos de rodeo también se les conoce como toreros.

Compito en el derribo de los corderos.

156
BULL TEK

Uso un casco y un chaleco **protector**.

casco
chaleco protector

¡Me sostengo firmemente todo lo que puedo!

134

Glosario

carrera de barriles: En la carrera de barriles, un caballo y su jinete corren alrededor de tres barriles colocados en forma de trébol. El caballo y jinete más veloces ganan.

compito: Competir es trabajar duro para ganar a otros en una competencia.

protector: La ropa protectora nos ayuda a evitar que nos lastimemos.

prueba: Una prueba es un suceso programado, como una competencia de rodeo.

prueba del caballo con montura: En esta prueba, un jinete intenta mantenerse sobre un caballo cimarrón en movimiento durante ocho segundos. El jinete puede usar sólo una mano para sostener las riendas.

rodeo: Un rodeo es una competencia en la que vaqueros y vaqueras muestran sus habilidades como jinetes y lazadores.

Índice analítico

Apoyos de la escuela a los hogares para cuidadores y maestros

Los libros de El Semillero de Crabtree ayudan a los niños a crecer al permitirles practicar la lectura. Las siguientes son algunas preguntas de guía que ayudan a los lectores a construir sus habilidades de comprensión. Algunas posibles respuestas están incluidas.

Antes de leer:

- **¿De qué piensas que tratará este libro?** Pienso que este libro es sobre el rodeo. Quizá nos enseñará sobre los distintos espectáculos del rodeo.
- **¿Qué quiero aprender sobre este tema?** Quiero conocer a dos tipos distintos de animales de rodeo. Veo un cordero en la tapa. ¿Qué otros animales hay en el rodeo?

Durante la lectura:

- **Me pregunto por qué...** Me pregunto por qué a los payasos de rodeo también se les llama toreros.
- **¿Qué he aprendido hasta ahora?** Aprendí que en el rodeo participan caballos, toros y corderos.

Después de leer:

- **¿Qué detalles aprendí de este tema?** Aprendí que los espectáculos del rodeo ¡pueden ser peligrosos! Un niño debe usar un casco y un chaleco para protegerse.
- **Lee el libro de nuevo y busca las palabras del vocabulario.** Veo la palabra *compito* en la página 16 y la palabra *protector* en la página 18. Las otras palabras del vocabulario están en las páginas 22 y 23.

Library and Archives Canada Cataloguing in Publication

Title: El rodeo de las pequeñas estrellas / Taylor Farley y Pablo de la Vega.
Other titles: Little stars rodeo. Spanish
Names: Farley, Taylor, author. | Vega, Pablo de la, translator.
Description: Series statement: Pequeñas estrellas | Translation of: Little stars rodeo. |
Translated by Pablo de la Vega. | "Un libro de el semillero de Crabtree". | Includes index. |
Text in Spanish.
Identifiers: Canadiana (print) 20210097728 | Canadiana (ebook) 20210097736 | ISBN 9781427131669 (hardcover) | ISBN 9781427131843 (softcover) | ISBN 9781427132017 (HTML) | ISBN 9781427136084 (read-along ebook)
Subjects: LCSH: Rodeos—Juvenile literature.
Classification: LCC GV1834 .F3718 2021 | DDC j791.8/4—dc23

Library of Congress Cataloging-in-Publication Data

Names: Farley, Taylor, author.
Title: El rodeo de las pequeñas estrellas / Taylor Farley y Pablo de la Vega.
Other titles: Little stars rodeo. Spanish
Description: New York, NY : Crabtree Publishing Company, 2021. | Series: Pequeñas estrellas : un libro de el semillero de Crabtree | Includes index. | Audience: Ages 5-7 | Audience: Grades K-1 | Summary: "Hold on tight and flip through pages of bull riding, barrel racing, mutton bustin', and more! Learn about rodeo clowns and what gear keeps you safe in the rodeo arena"-- Provided by publisher.
Identifiers: LCCN 2020056861 (print) | LCCN 2020056862 (ebook) | ISBN 9781427131669 (hardcover) | ISBN 9781427131843 (paperback) | ISBN 9781427132017 (ebook) | ISBN 9781427136084 (epub)
Subjects: LCSH: Rodeos--Juvenile literature.
Classification: LCC GV1834 .F3718 2021 (print) | LCC GV1834 (ebook) | DDC 791.8/4--dc23
LC record available at https://lccn.loc.gov/2020056861
LC ebook record available at https://lccn.loc.gov/2020056862

Crabtree Publishing Company
www.crabtreebooks.com 1–800–387–7650

Written by Taylor Farley
Production coordinator and Prepress technician: Samara Parent
Print coordinator: Katherine Berti
Translation to Spanish: Pablo de la Vega
Edition in Spanish: Base Tres

Print book version produced jointly with Blue Door Education in 2021

Printed in the U.S.A./022021/CG20201215

Photo credits: Cover © Sergei Bachlakov; page 2-3 © Amy K. Mitchell; page 5 © Jeanne Provost; page 6 © Amy K. Mitchell; page 8 © Kobby Dagan; page 11 © Centrill Media; page 12-13 © Jack Dagley Photography; page 14 © Shawn Hine; pages 17, 18, © Kobby Dagan
All photos from Shutterstock.com

Published in Canada
Crabtree Publishing
616 Welland Ave.
St. Catharines, Ontario
L2M 5V6

Published in the United States
Crabtree Publishing
347 Fifth Ave.
Suite 1402-145
New York, NY 10016

Published in the United Kingdom
Crabtree Publishing
Maritime House
Basin Road North, Hove
BN41 1WR

Published in Australia
Crabtree Publishing
Unit 3 – 5 Currumbin Court
Capalaba
QLD 4157